La gloria verdadera

Matteo Lefèvre

Colección Leteo

eolas
ediciones

www.eolasediciones.es · www.clubleteo.com

Dirección editorial:
Héctor Escobar

Coordinador de colección:
Rafael Saravia

Diseño de cubierta:
Javier Arce

Imagen de cubierta:
Veit Hammer (unsplash.com)

Maquetación:
Alberto R. Torices

Imprime:
Safekat S. L. (Madrid)

ISBN: 978-84-10057-63-0
Depósito Legal: LE 360-2024

La gloria verdadera

Serie Azul de Metileno

Prólogo

— Santiago Elordi —

EL ÚLTIMO POEMARIO de Matteo Lefèvre, *La gloria verdadera*, es una pequeña joya literaria, o mejor dicho, un auténtico desafío, ya que procede de un libro anterior del autor, publicado en Italia hace dos años, y que, sin embargo, se presenta hoy ante el público español como una obra inédita, autónoma. En efecto, no se trata simplemente de una auto-traducción o de una reescritura caprichosa, sino de un texto autosuficiente en su nueva dimensión lingüística y cultural así como en la forma y sustancia de su expresión.

El libro se divide en cinco secciones orgánicas, interconectadas y funcionales en su conjunto. La primera, que le da el título a todo el libro, nace de un verso célebre del poema *Il cinque maggio*, que el escritor italiano Alessandro Manzoni dedicó a la muerte de Napoleón Bonaparte, y ofrece una amarga reflexión sobre la devastación de las guerras de esa época, que aquí se vuelven símbolo de la vacuidad de todo conflicto y sus consecuencias nefastas. La segunda sección, «Campos de Montaperti», insiste en la misma línea pero nos transporta a la Edad Media y a la batalla entre las repúblicas de Florencia y Siena, descrita entre otros por Dante Alighieri en su *Commedia*. La tercera parte ensancha la mirada y se sitúa en los años convulsos del cisma protestante, enfocándose en la lucha de ideas mediante la figura del intelectual renacentista Juan de Valdés. La cuarta sección, «Cancionero de guerra y de naufragio», presenta otra vez el discurso bélico (aquí reforzado por el elemento marítimo) pero en sentido metafórico, dentro de una relación amorosa. La última parte de la obra, «El hospital de la orilla», también de manera conflictiva, a veces con dramatismo, otras veces con mordacidad, aborda la tragedia de la inmigración con un entramado de imágenes crudas, casi alegóricas, fuertemente expresionistas.

A raíz de esta estructura, por lo general, el poemario se sostiene sobre un juego histórico bien documentado, rigurosamente elaborado. La mirada se dirige hacia el pasado, evocando operaciones similares a los *Cantos* de Pound o a los poemas de Eliot; con cierta nostalgia que Rilke describiera en *El Corneta Juan Cristóbal Rilke*. Sin embargo, los poemas logran simultáneamente desprenderse del contexto histórico, y con libertad creativa juegan y transitan por un tiempo no lineal. En la sección dedicada a las campañas de Francia, los heridos del hospital *Les Invalides* de París se parecen a los supervivientes de toda guerra, de cualquier época y nación, desilusionados por la frivolidad insulsa de toda hazaña humana. Otro contrapunto temporal surge en la sección siguiente, en la que una vieja disputa entre los habitantes de la Toscana medieval se vislumbra, hoy en día, en el conocido *Palio* de

Siena, una loca carrera de caballos que aún se celebra dos veces al año, así como en la agobiadora invasión del casco antiguo por parte del turismo de masa. Nuevos desajustes cronológicos se manifiestan en las dos últimas secciones, abarcando desde anhelos de todos los tiempos hasta los de nuestra era, incluyendo el éxodo de personas que intentan llegar a las costas europeas desde África, un drama contemporáneo.

Concordantes con estos saltos temporales, en los versos distintos hablantes se alternan *ex profeso*, ofreciendo un caleidoscopio de voces que mutan según los ánimos y vaivenes de estas guerra reales y simbólicas. Desde la primera sección hasta la cuarta, un narrador protagonista y desencantado exhibe su ironía y sarcasmo contra todo intento militar (y militante), sus premisas y, sobre todo, sus consecuencias. El primer poema de «La gloria verdadera» arranca así: *Viento el vigente dueño del Imperio, / viento de almas y pólvora en los frascos, / viento que astilla el bronce, excava el mármol.* Coros trágicos como éste acompañan otras secciones, y también una voz individual, ahogada en la confusión de la contienda.

Estos sólo son algunos de los componentes estructurales los *poemetti* que enervan el libro en su *ensemble* disonante y que se desarrollan en diferentes cuadros con figuras densas y casi alucinadas, con un lenguaje tenso y al mismo tiempo didáctico, casi coloquial, con un ritmo sincopado e hipnótico. La palabra así como un impulso sonoro, cimiento de la poesía, más allá del *logos*. En este registro, se yergue a la altura de los más conmovedores poemas modernos sobre el tema de la guerra. Recordamos, por ejemplo, *Dulce et Decorum Est* de Owen, poeta-soldado de la Primera Guerra Mundial, quien denunció el dolor, el hambre y la desesperación de miles de jóvenes que partieron al frente con la esperanza de convertirse en héroes. Owen mismo tuvo que ser internado en un hospital de Edimburgo por trastorno de estrés postraumático; y luego de recuperarse, regresó a la batalla y murió en combate. Tantos poetas han dejado testimonios de la guerra: Apollinaire con su trepanación de sesos tras alistarse en el ejército francés; Cendrars perdiendo un brazo en la Legión Extranjera; o Sankichi Tōge, superviviente del bombardeo atómico de Hiroshima, con sus versos desgarradores. En el contexto actual, Serhiy Zhadan nos ofrece una mirada sobre la pérdida, la resistencia y la esperanza en el presente conflicto ucraniano. Sin olvidar el papel de las mujeres en la poesía de guerra, pues la guerra también es un asunto de mujeres, como en estas páginas confirman algunas presencias a veces diáfanas, pasivas, a veces más concretas. Es la lección del *Ensayo Pacifista* de Virginia Woolf durante el bombardeo de Londres, hasta los *Cuadernos de Guerra* de Marguerite Duras, pasando por los conmovedores poemas de Carmen Conde sobre la Guerra Civil española, así como la poesía de Anna Ajmátova durante la Revolución Rusa, entre otras.

Matteo Lefèvre, nacido en Roma en los años setenta, hijo de la sociedad del bienestar, ciertamente no ha vivido la guerra en carne propia. Sin embargo, esta falta de experiencia la compensa con una imaginación portentosa, logrando relacionar acontecimientos a distancia. Un conocimiento que gradualmente se va transformando en una profunda empatía, capaz de hacernos sentir, vívidamente, los complejos engranajes de los conflictos humanos. Asimismo, los hechos puntuales se vuelven emblemas atemporales, la historia, dolorosa constancia.

Sin embargo, este no es un poemario pacifista ni el manifiesto de un objetor de conciencia. Tampoco enarbola la exaltación de un «morir por la patria» que, en Italia, celebran figuras como D'Annunzio o Ungaretti. En su lugar, nos ofrece una reflexión profunda y compleja sobre la experiencia en tiempos de conflictos de todo tipo: militar, económico, intelectual, social, etc. Con un ritmo fragmentado e intenso, como tragos de sangre, nos revela la naturaleza humana que emerge en cada sablazo o disparo, aniquilando la inocencia que alguna vez existió, renovando caídas y trastornos anunciados. Nos recuerda que todas las guerras son una misma guerra: sean libradas con metrallas, bombas atómicas o machetes, comparten una misma esencia devastadora. En la guerra, principalmente, se pierde... El heroísmo y la estupidez se entrelazan, y al romanticismo bélico subyacen una vanidad y una desolación interminables. Y quizá lo más rotundo, esta poesía nos muestra, con una belleza contenida, desencantada, la absurda ceguera que lleva a los hombres a eliminarse —a sí mismos y entre sí— en busca de una supuesta «gloria». En todas las épocas, hay poetas capaces de mostrarnos lo primordial. Es lo que hace Lefèvre viajando por el tiempo, en una elíptica invertida, transitando por los intrincados laberintos de la destrucción humana. El motor de la devastación no se detiene. Cientos de guerras suceden en la actualidad, y es tanto el asombro que nos hemos dormido. El poeta ha venido a despertarnos.

La guerra es también el más absoluto fracaso de la palabra, y con palabras atentas Lefèvre nos enfrenta a nuestra propia sandez como especie, una posibilidad casi milagrosa de existencia, con complejos sistemas biológicos y afectivos, condenada a la autodestrucción. A través de un lenguaje complejo, claro y espeluznante, nos revela que en tiempos de enfrentamientos, también la poesía puede ser un arma tanto serena como poderosa. Su habilidad para transmitir esta paradoja resulta inquietante. Nos invita a reflexionar sobre el caracter mismo de las luchas del hombre y el potencial transformador del arte. Todas estas razones hacen de *La gloria verdadera* un poemario excepcional, fuera de lo común. Cualquier dispositivo o arte poética que utilicemos para medirlo, señalará sus valores. En estos tiempos de baja intensidad creativa, con poemas pop complacientes, poemas tardío-adolecentes, de auto-ayuda social y épica del ombligo, este libro quiere presentarse como un clásico, lleno de sabiduría, emoción, distancia y lucidez, y retoma temas universales con golpes de alta conciencia. Y nos confirma que la poesía más profunda, como los volcanes, puede pasar largas temporadas dormida y de pronto irrumpir sin aviso.

Así Matteo Lefèvre, como una lúcida detonación.

Larga vida...

La gloria verdadera

[…]
dov'è silenzio e tenebre
la gloria che passò

ALESSANDRO MANZONI,
Il cinque maggio

I

Viento el vigente dueño del Imperio,
viento de almas y pólvora en los frascos,
viento que astilla el bronce, excava el mármol.

Hay una llaga antigua que supura
como grasa
de ballena entre tablas
carcomidas de un buque de museo.

He aquí *les invalides*,
fuego y espada del vientre del ejército,
cuya hazaña más célebre
es apenas un punto sobre el mapa,
una victoria muda y mutilada.

Tú no recuerdas lo que era el Campo
de Marte, aquel abril,
no puedes recordarlo, sin embargo tu madre
te hablaría del brillo en las espadas,
del deseo encendido,
del corazón donado a los soldados.

De allí el origen,
de allí también nosotros,
inciertos pasos como de muleta,
llegamos al destino que no salva
de la gota, de la ansiedad, del láudano.
Por la gracia de dios y la corona.

Y tocará olfatear tarde o temprano
el agrio hedor de sombra de soldado.

III

¿Quién estuvo esa noche allí en el llano?
¿Quién fue el primero que llegó a mirar
las insignias ajenas bajo el barro?

Las preguntas redoblan
tardes de reumatismos y silencio
entre los corredores,
la tropa olvidadiza
fuera está del alcance,
dormita en el zaguán,
ciega y ya sin aliento…

IV

No hay sitio para tímidos o viles,
ningún descanso
para quien pasó el cáliz. Campanadas,
y rumores de pasos en la nieve
anuncian ya la enésima estación
de ungüentos y camillas,
un invierno más largo aun que Rusia,
un general y el ansia
que al despuntar el alba
nos reconduce al limbo y a la derrota.

V

En verano soñamos nuestros Campos Elíseos,
las marchas, las muchachas,

recordamos el lazo de los abrazos nuevos,
las pólvoras pasadas, el destello
de tanta lumbre
en los ojos de Delphine,
dieciséis años, labios,
el calor de la sangre
en su plumaje fresco,

luego
el negro absceso,
y menos mal que sonó la trompeta
y aún hubo sitio en la línea del frente
para probar fortuna,
excavar el pantano con la espada,
olvidar los veranos, las órdenes, los cuerpos
entre golpes y esquivas
sin caerse jamás, maldita sea,
sin caerse
ignoto en un abismo de fangal.

y ahora no hay canto y no hay sablazo

que me arrastren por fin,
arrasando a la vez
la memoria, Delphine,
victorias, traiciones.

Otro enero se me depara en cambio,
e inyecciones,
miasmas, miembros truncos,
en una frágil, eterna vigilia,
que no conoce alba y salvación.

VI

Herida está la tierra
bajo el peso del carruaje,
una tierra que ya no espera nada
y se ríe aguardando el estruendo.

Aquí quedarán hombres
que nutrirán venturas primaveras
tras el relámpago
de nuestra temporada.

VII

Las preguntas me duelen más que el lazo
cuando es hora de sangría.

La huella eterna
al día siguiente es ya pisoteada.

VIII

Los miembros fatigados
los encamina el Cónsul,
los guía entre los vapores de noviembre
donde el canal descansa
y hay silencio, tiniebla,
el rito transitorio de hospital.

IX

Se enrolla el hilo
como la vela en los hombros del náufrago

los vientos van y vuelven tras la costa,
el estandarte
ondea entre los que quedan,
derrocada memoria
del ultraje
de la supervivencia.

X

Je vous salue...
Yo les saludo inválidos y Vírgenes,
parias y renegados les imploro,
tropa, tripulación,
patriotas, mercenarios.

¿Fue gloria verdadera?

Aquí dentro hace un frío
que pomada o brasero no reduce,
espeso más que aquellas gualdrapas
que lomos de caballo revistieron
y de hombres destripados
por pestes, perros, bayonetas.

¿Se distinguió más el hombre o el equino
en el asalto,
en la carrera
que distanció a las sombras,
y les llevó a este albergue,
a este mármol
sin piernas?

Un puñado de huesos y preguntas
es lo que queda ahora bajo el pórtico.
Un corredor sin salida, sin viento.

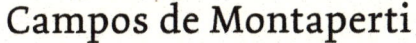

Campos de Montaperti

[…] lo strazio e 'l grande scempio
che fece l'Arbia colorata in rosso

DANTE, *Inferno*, X

I

Ábrete cielo
Ábrete monte
Ábrete piedra
Ábrete suave máquina del hombre.
Ábrete insignia, lápida a orillas
de nuestra carretera.
Salida hacia el barranco,
el enésimo humano precipicio.

II

Criar nuestra venganza
como un hijo devoto, delicado,
desviar la derrota hacia la crónica
y señales de tráfico, folletos.

III

Salida «Val di Chiana» o la anterior.
El cinturón es vasto
como los campos que aún apacientan
el prado que creció sobre ese estrago
y Bacca y Farinata y Salimbene
son el transfondo de una carretera
que avanza y los ignora,
que celebra el zumbido de los coches,
la codicia de una naturaleza
igual que quien rasgó sus vestiduras
para volver a correr y a soñar.

IV

Ábrete monte
Ábrete cielo
Ábrete seno de nuestra hermana muerte,
de virgen desleal.

Sigue la suerte antigua,
el estandarte los hará volver
con fuerza abrumadora,
infantes y monturas
fuego y viento.

V

Ábrete monte abierto a la analítica
de la humana razón.
Ábrete suave entraña
de campos, de senderos
que conducen a Siena y a sus puertas,
a reservas de trigo, a las contradas.
El que fue caballero hoy es jinete,
ayer violento ejército
hoy colores y nombres en el Palio.

VI

La gloria está en los toques
ausentes de la ermita,
en zarzas silenciosas
agrupadas al lado del peaje
como antaño la fila de lanceros,
de infantes de la Loba,
de los honderos del Emperador,
los *gigliati*,
la niebla que al final lo ocultó todo.

VII

Ya no escucho los gritos
el fervor de las lanzas que sostienen
el ruinoso edificio
la insignia güelfa y gibelina en fuga,
espaldas, piedras, hierbas destrozadas.

VIII

Ábrete cielo
Ábrete monte
Ábrete piedra
¿Dónde la gloria hoy?
En vías rápidas, salas de hospital
en los retos de antiguos contrincantes
en la presión aguda
que nadie ya redime.

Y la que fue batalla ahora es riña.

IX

Ábrete piedra
Ábrete, tú, montículo iracundo.
Dónanos un instante
entre rocas, almenas, puertas, rejas
que de otros germanos son ahora
y de invasores nuevos
que llegan a esos campos, a esos muros.

Lo que un día fue clangor, ahora es estrépito
y lo que fue despojo
ahora es botín de feria de provincia.

Valdés

I

De Cuenca hasta Alcalá siente el desierto
quien se queda en la piedra, en la tiniebla
y no busca las llamas en la luz.

[...]

La historia de un agente
secreto,
de un teólogo
o un lingüista
conmueve
si prepara con símbolos y versos
la erupción del corazón y el éxtasis.

Valdés, yo leo tu epopeya truncada,
tu silenciosa red de compañeros,
la ardiente sed de nobles o plebeyos,
el sueño, el espionaje, la emboscada.

Espíritu y celo, la contienda
que aprueba
la nueva
frontera del debate,
diferentes acentos y lecciones

va impartiendo en la asfixia
de mitos inocentes
en altas piras.

II

Es este Sol que convierte a Castilla
en la campiña de nuestra aridez.

Nos colaremos en las hendiduras,
convertiremos grietas en canales
para dar de beber a los sedientos
en los campos y en las capitales.

III

Valladolid es fría
como todo trabajo cortesano.
Mas tú advertiste el fuego en la ceniza,
en la brasa la luz,
en la noche la voz.

IV

Quedan ahora las preguntas clásicas
sobre quien se encargó con tanto esmero
de detectar la culpa y la blasfemia
en un diálogo.

(Va el buque por la costa,
ni estelas ni secuelas,
se diluye el escándalo
en oficios inéditos)

No arde fuego en Europa
que no se encienda en Roma:
el proverbio es destino,
yesca
de una antorcha aferrada
en la tormenta.

Corre brisa entre el golfo y el Virreinato.
Y de pronto ese soplo se hace viento...

V

Entre las fiebres de nobles y siervos
tú supiste mirar.

Ni en las glosas ni por los cuarteles
llega respuesta alguna.

Tú con el viento de tu corazón
le cogiste la mano
y la llevaste hacia el tiempo del alma
                    —Giulia—
fuera del sueño
en el callado ocaso de una época.

VI

Ni prédicas ni versos
ni bulas ni sermones:
caricias
y consideraciones
divinas y últimas
tenaces y dulcísimas.

VII

De la carne azotada
el beneficio,
del silencio del cuerpo
recoger cada letra,
reconstruir corazón y *alphabeto*.

No harán nunca ruido las palabras.

Cancionero de guerra y de naufragio

I

Existe integridad en los fragmentos

es un toque de espectro,
astro
que va esparciendo mar adentro
astillas tras el golpe.

Que tanto nos bastó para erigir
un monumento a la cartografía,
a la superstición
de hombres avezados
en naufragios de taberna.

Permaneció la sal sobre la brújula,
en el vaho sólo unas letras;
la duda si al final
vivirá más el pecio o la tormenta.

II

Las lanzas en la piel
precipitando el viento a ambos lados
del cuerpo.

Vale aún el ejemplo del arquero
que se ofrece a los dioses
y masacra a los hoplitas.

Una erótica altiva
aún tensa el ventrículo
y deshace el respiro
del soldado sangriento.

III

Si alguna vez viniera de esta travesía,
el canto traería sed
y hielo

pese a que desde el fondo
crece una invocación
una luz de linterna.

No hay ninguna manera de alumbrar
al rehén de la ballena,

pese a que hay quien se queda en la playa,
ve y no ve,
sopesa las opciones de ese náufrago.

Que ni un instante aparte su mirada,
o el soplo de otra sombra
abrume su oración.

IV

Me pregunto si hay gloria en un asedio.

El tiro ajustado
esperando el incendio
desde el monte.

El avance veloz y a sotavento,
la presión en las puertas y en los ojos
del que reparte heridas desde arriba,
la resistencia, el pulso del infante.

No hay leyenda ni baile, en todo caso,
sin matanza de hombres y titanos.

V

Se intenta con el sextante,
con el progreso o la predicación.

Las velas hacia occidente,
el curso de las ondas.

Las voces de las madres estremecen
a los pobres del mar.

Hay remolino, cruzada, canción

la ceguera de dios no nos asuste:
cantémosle la misa y la blasfemia.

VI

Descubrimiento.

Las sienes laten,
los cielos narran
de un mesías distante.

¿Quién no conoce el fervor, la batalla,
los inocentes,
los saqueos,
un dios de ternura y tormento?

Si se trató de monstruo o providencia
no lo sabremos por historiadores

habita la verdad en los estómagos
de las tripulaciones

en sus almas, quizás,
entre agaves y árboles de mango,
en las tumbas improvisadas de los plátanos.

Una codicia, una cruz y una herida.

La epidemia que vino y que ganó.

VII

Hay una mesa en el fondo
y bocas que repiten
el grito de los cetáceos,
que cultivan el hambre
sobre las balleneras.

La comida de huestes
que no conocen derrota o victoria
se celebra en lo oscuro,

es la sal de las víctimas,
del cargamento hundido en el Atlántico
por el tumor antiguo
de almirantes y príncipes.

Entre galletas y cólicos
comen su magra cena.

Hay una mesa en el fondo del mar:
muestra esmerada de antropofagia.

VIII

Venceremos la noche
y evocaremos
los votos a la virgen y al grumete.

Pues siempre confiamos en esos dioses,
en apuestas impuras contra el tiempo,

pero ¿nos bastarán
bonanza y catequesis,
sueños, salmos, hogueras al ocaso?

IX

No tiremos talentos
ni monedas de plata o terracota
contra senos gastados de gorgona
o de obsceno mamífero
hinchado de anatemas.

Quien lance su tridente, a hierro muera.

Es afán,
es ceniza a merced de la ventisca.

X

Quién sabe si fue suerte o providencia.

De hecho, las defensas saben bien
a lo que lleva el don de cualquier enemigo,

qué sienten las entrañas
del caballo, del hombre,
en las noches de asedio

es experiencia de érebo y destierro,
que se llamó pasión.

El hospital de la orilla

cada jardín es casi un vasto hospital
(un lugar mucho más deplorable que un cementerio)
y si ahí los seres sienten, o alguna vez sintieron,
el no ser sería mucho más recomendable que el ser…

GIACOMO LEOPARDI, *Zibaldone*

I

No confundan respiro o sensación
de constancia
el gesto si resiste es contracción
prestancia
de pelotón parado en la vaguada.

No va a brotar imagen más exacta
de distancia:

el insecto en el charco, boqueando,
la ausencia perfecta

y lo que fue raíz y fue alimento

el aleteo de patas
no promete
ni desvela,
es pasión,
charnela,
grito y ya lejanía.

II

El mismo cráter y la misma fragua,
cenit
de nuestros espejismos,
simulacro
de mar sin viento
sin piedad,

ave rapaz
de todo resto humano

por el estrecho margen que acerca
la quilla al arrecife,
el deseo al epitafio.

III

Lastimada la orilla:

epílogo de moros de la nueva
Cartago.

¿Qué son?, ¿primates, príncipes, tortugas?

Anochecer
de esta odisea prosaica,
de esta carga animal.

Restinga,
casco roto,
mal de África.

IV

Ni la luz de elocuencia es suficiente,

heráldica o fanfarria,

allí hay madera,
marcas de golpes y avitaminosis,

pulpos y algas
aferran las hazañas, los tobillos

gravan el vuelo atolondrado, vano.

V

Quién irá a recoger las confesiones,
la última luz impresa en la retina
de la presa labrada por la furia
de olas que corrompen los orígenes.

Oscuridad
en los cortes del vientre.

Un poeta diría: alegría de naufragios.

VI

Somos un libro mútilo,
burla de la filología,
arrastrados
en una épica floja,
un anticanon.

Somos un texto apócrifo
poética de espuma.

Somos la hermenéutica
de un inmenso orfanato.

Somos restos de crónica,
concreciones
de la cuestión homérica.

VII

Cuánta luz se sumerge en la mirada
que se queda en los párpados,
en ojos que gaviotas mordisquean,
en carcasas secándose en invierno.

A quién, piadoso oficio,
la recomposición,
el exégesis,
el inventario.

Las erratas, los gritos
que aún siguen brotando
van anunciando a Europa y a la matanza.

VIII

Es un periplo lleno de aventuras,
se hacen volteretas,
se brinca entre las olas,
se aúlla en la noche…

Alguien se queda atrás, es natural,
y llega a tierra después de unos días.

Nos dicen que es un modo de viajar,
de volvernos más fuertes,
occidentales,
de escribir de izquierda a derecha.

Alguien se queda abajo, es natural,
funciona así, es un juego,
nos cura de destierros y tiranos.

Mientras, se desperdician las metáforas:

corriente de esperanza,
libro de horas finitas,
tormenta de almas,
gólgota de olas,
cáncer de arena,

cáncer y punto.

Mal de nuestro tiempo.
Tiempo de nuestro mal.

IX

Acantilado,
cavidad en la arena,

el brazo que se aferra a la resaca.

Ya no hay agua capaz de devolver
la carroña o la fábula,

el negro rostro asomando entre espectros
de pulpos,
el casco al aire libre,
la precisión del cuadro.

El infarto es la última incisión
en el corazón y en la arena.

X

El mastodonte
rompe la resaca,

infringe la isocronía.

He aquí el hospital de la orilla:

el cetáceo varado,
el caballito de mar,
el ingeniero abisinio.

Se está poco
en las salas de espera.

Todo es un festejar breve e indoloro,
la rendición diaria
de un capital humano y su gangrena.

Índice

Valdés

Cancionero de guerra y de naufragio

El hospital de la orilla

Otros títulos de la Serie de poesía
AZUL DE METILENO

~

Otros títulos de la Serie de narrativa
RELOJERO DE BANAGUÁS

Esta primera edición de
La gloria verdadera
número 35 de la Serie Azul de Metileno,
se terminó de imprimir en los talleres
de Safekat (Madrid)
en septiembre de
2024.